Robert Naegele

Schwäbische Weihnachtsgeschichten

Alberto Ruiz Rojo

Diez minutos

Guion con notas

Edición preparada
por
Juan Carlos Casañ

Ernst Klett Sprachen
Stuttgart

Alberto Ruiz Rojo

Diez minutos

Guion con notas

Edición preparada por Juan Carlos Casañ

2. Auflage 1 4 3 2 1 | 2020 19 18 17

Nachfolger von 978-3-12-535546-0

Alle Drucke dieser Auflage sind unverändert und können im Unterricht nebeneinander verwendet werden.
Die letzte Zahl bezeichnet das Jahr des Druckes.
www.klett-sprachen.de

Redaktion: Marcelo Rodríguez
Layout und Umschlag: Carolin Schneider
Satz: Satzkasten, Stuttgart
Umschlagfoto: Alberto Ruiz Rojo, Bild Regisseur (S. 34): Jesús Haro
Druck und Bindung: CEWE Stiftung & Co. KGaA, Germering
Printed in Germany

ISBN 978-3-12-535534-7

9 783125 355347

Índice

Zu diesem Buch gibt es Filmdateien, die mit der Klett-Augmented-App geladen und abgespielt werden können.

Klett-Augmented-App kostenlos downloaden und öffnen

Bilderkennung starten und **diese Seite** scannen

Medien laden, direkt nutzen oder speichern

Prólogo

> *"El cine como un sueño, el cine como música. Ningún arte trasciende nuestra conciencia de la forma en que lo hace el cine, dirigiéndose directamente hasta nuestros sentimientos, adentrándose en las oscuras habitaciones de nuestras almas"*
>
> *Ingmar Bergman*
> Director de cine sueco

El séptimo arte es la manifestación artística más importante del siglo XXI y también la que goza de mayor prestigio y difusión en las sociedades modernas. Con el cine se puede aprender casi todo: historia, geografía, literatura, arte, música... y otros idiomas. Para el estudiante de lenguas extranjeras, el cine es una fuente de muestras lingüísticas verosímiles, variadas y contextualizadas, y es también una puerta abierta al conocimiento de la otra cultura. Y todo ello acompañado del carácter lúdico y motivador de la gran pantalla.

Entre los distintos géneros cinematográficos, es especialmente interesante para nuestros propósitos el cortometraje. Su gran ventaja es su brevedad, que permite un aprovechamiento didáctico intensivo sin renunciar al placer de una historia completa. También pensamos que la lectura es un medio excelente para desarrollar tanto la competencia comunicativa como la imaginación y el pensamiento crítico, tanto más si se compagina, como más se desee o crea conveniente, la lectura con el visionado del cortometraje. Estos son los presupuestos que nos han animado a publicar el guion de cine que tiene en sus manos.

El cortometraje que hemos escogido es *Diez minutos,* del director y guionista Alberto Ruiz Rojo. La historia se construye sobre una situación que todos hemos vivido y a menudo sufrido: intentar comunicarnos con el servicio de atención al cliente de una compañía telefónica. Esta producción fue merecedora de un Goya al mejor cortometraje de ficción en 2004.

Terminar deseándole que esta lectura sea de su agrado y de provecho y, sobre todo, que le anime a buscar otras lecturas y a ver más cine en español.

Antes de leer el guion

Lee algunos comentarios sobre la versión cinematográfica de *Diez minutos* para conocer la opinión del público y algunos datos sobre la historia.

"A mí me ha molado, me he identificado totalmente con el protagonista e incluso me ha conmovido el final." *(Manuel, 21 años)*

"Simplemente genial. Creo que el director ha sido muy valiente al rodar un cortometraje que solo tiene una secuencia: la conversación telefónica entre un cliente que necesita un número de teléfono y una operadora del servicio de atención al cliente que no quiere dárselo." *(Marcos, 34 años)*

"Yo no creo que el corto muestre solo los problemas de la relación entre empresas y clientes. Creo que también critica que las personas no quieren arriesgarse, en el trabajo y en otros tipos de relaciones, para ayudar al prójimo". *(Marina, 26 años)*

"El corto es una producción de muy buen gusto y los actores son excelentes, pero creo que a veces la historia es un poco dramática. Lo que más me ha gustado es la crítica a los servicios de atención al cliente." *(Carlos, 17 años)*

"La clave del éxito del corto está en la identificación tan absoluta del espectador con la historia (todo el mundo me dice que le ha pasado)... *Diez minutos* es una crítica al tipo de sociedad hacia donde nos dirigimos... A la vez que la vida se nos hace más cómoda y accesible, gracias al teléfono, internet, etc., también perdemos el contacto directo con las personas." *(Comentario del director).*

4 **molar** *Esp coloq* gustar – 5 **conmover** emocionar – 8 **rodar** grabar con una cámara de vídeo – 14 **arriesgarse** (→ riesgo) – 15 **el prójimo** los demás

Vuelve a leer los comentarios y contesta a las siguientes preguntas:

a. ¿Qué sabes de los protagonistas?

b. ¿Cómo valoran el cortometraje los espectadores?

c. ¿Cuál es la intención del director?

1. SALÓN DE ENRIQUE. INT. NOCHE

Teil 1
Kurzfilm
(00:00-01:20)

Unas manos de hombre marcan en un teléfono móvil: "1, 3, 1".

El hombre se acerca el teléfono a la oreja. Suenan un par de tonos de llamada.

2. SALA DE TELÉFONO. INT. NOCHE

La boca de una OPERADORA joven con un micrófono-auricular responde.

OPERADORA/NURIA (OFF)

AIRFONE, buenas noches, mi nombre es Nuria, ¿en qué puedo ayudarle?

En una esquina de una pantalla de ordenador un contador de tiempo se activa. Arranca en 10 minutos y comienza a descender.

Efecto audio-musical.

Superposición del título en la imagen:

Diez minutos

6 **una operadora** persona que trabaja en una compañía de teléfonos y da informaciones por teléfono a los clientes – 6 **un micrófono-auricular** Kopfhörer mit Mikrofon – 11 **una esquina** lugar donde se juntan dos lados de una cosa – 11 **una pantalla** Bildschirm, Leinwand – 11 **un contador** Zähler – 12 **arrancar** empezar – 13 **descender** ir hacia abajo – 15 **una superposición** colocación de una cosa encima de otra

3. SALÓN DE ENRIQUE/SALA DE TELÉFONO. INT. NOCHE.

En su casa, ENRIQUE, de 36 años y sentado en un sofá de espaldas a la cámara, aparenta tranquilidad.

ENRIQUE
Hola, buenas noches. Mire, quería hacer una consulta, por favor.

NURIA
Facilíteme usted su número de teléfono si es tan amable.

En la pantalla del ordenador de la OPERADORA están ya todos los datos que NURIA pregunta (teléfono, nombre, etc.)

ENRIQUE
637 546 189

NURIA
Su nombre, por favor, para dirigirme a usted.

ENRIQUE
Enrique González Martín.

NURIA
Indíqueme su número de DNI si es tan amable.

ENRIQUE
Sí, 33 56 47 76 58.

NURIA
La dirección donde recibe nuestro correo.

ENRIQUE
Príncipe Vergara, 91, 4º derecha.

NURIA
Muy bien, D. Enrique. Dígame, ¿qué consulta deseaba realizar?

4 **aparentar** hacer creer algo (por ej un estado) a otras personas – 9 **facilitar uc a up** *aquí:* dar – 15 **dirigirse a up** *aquí:* hablar (sich wenden) – 19 **el DNI** documento nacional de identidad

ENRIQUE
Vamos a ver, es muy sencillo. A las 19:35 de esta tarde se ha hecho una llamada desde este teléfono, quería saber a qué número se ha realizado.

NURIA
Entiendo. D. Enrique. Dice usted que a las 19:35 horas realizó una llamada desde su terminal a otro número, ¿es correcto?

ENRIQUE
Bueno, se hizo desde mi teléfono, sí.

NURIA
Entiendo. Un momento.

Suena una musiquita de espera. ENRIQUE está tenso pero lo disimula. Se pone el teléfono en la oreja, abre un cuaderno con la mano izquierda y se prepara para escribir con la mano derecha.

Teil 2
Kurzfilm
(01:20-02:28)

NURIA
Gracias por la espera D. Enrique. Indicarle que puede usted comprobar en su teléfono las diez últimas llamadas realizadas.

ENRIQUE
Ya, eso ya lo sé, pero el problema es que no hay manera de que salga el número porque ya he hecho más de diez llamadas.

NURIA
En ese caso, indicarle que yo no puedo darle esa información.

ENRIQUE
Pero ¿por qué?

NURIA
Porque no me consta.

ENRIQUE se levanta, empieza a inquietarse.

2 **sencillo** simple, fácil – 4 **realizar** hacer – 7 **una terminal** *f* unidad de entrada y/o salida de información que se comunica con un ordenador central – 12 **tenso** nervioso, inquieto – 13 **disimular** esconder u ocultar algo para que no se vea o no se note – 20 **no hay manera/forma de que + subj** (luego de intentar muchas veces algo que no funciona) es imposible que – 21 **salir** *aquí*: aparecer – 27 **constar** estar registrado o escrito en algún sitio – 28 **inquietarse** ponerse nervioso

ENRIQUE
Pero vamos a ver, ahí se quedan registradas todas las llamadas que yo hago, ¿no? Luego yo en casa recibo la factura donde vienen especificados el número, la duración de la llamada, y la hora a la que se ha hecho la llamada. Es así, ¿no?

NURIA
Efectivamente. Usted podrá consultar esa información cuando reciba la factura.

ENRIQUE
Ya, pero es que la necesito ahora.

NURIA
D. Enrique, le estoy indicando que no le puedo facilitar esa información.

ENRIQUE *(empezando a cabrearse)*
Pero vamos a ver, ¿estoy hablando con un ordenador o estoy hablando con una persona?

Nuria empieza a hartarse del "cliente pesado".

NURIA
Está usted hablando con el servicio de atención al cliente de AIRFONE.

ENRIQUE
Simplemente quiero saber si esto es un ordenador o una persona, nada más que eso.

NURIA
D. Enrique, está hablando con una persona.

ENRIQUE
Vale, pues entonces no me vuelva a repetir lo de que no me puede dar esa información, ¿vale? Me pones con un supervisor, por favor.

2 **registrado** que está escrito en un documento – 8 **una factura** documento que especifica los productos comprados o servicios utilizados y su precio – 14 **cabrearse** *Esp coloq* enfadarse – 17 **hartarse** cansarse, sentir enfado por la repetición de algo – 17 **pesado** lästig – 28 **un supervisor** persona que controla el trabajo de otras personas para comprobar que está bien hecho

NURIA
Indicarle que no nos está autorizado transferir llamadas.

Una operadora compañera de NURIA se levanta.

OPERADORA 2 *(a Nuria)*
¿Quieres algo? Voy a la máquina.

Nuria niega con los dedos.

Teil 3
Kurzfilm
(02:28-04:39)

NURIA
D. Enrique, si desea hacerme otra consulta.

ENRIQUE *(machacón)*
¡Sí, sí! ¡Quiero saber qué llamada se ha hecho a las 19:35 de esta tarde desde mi móvil! ¡Simplemente eso!

NURIA
Comprendo, pero creo que le estoy explicando…

ENRIQUE *(cortándola)*
Lo que le estoy pidiendo no es ningún capricho, es una información muy importante para mí, ¿me entiende? *(decidiendo poner toda la carne en el asador)*

Mire, mi novia me ha dejado. Se ha ido esta tarde. ¿Usted tiene novio o novia?

NURIA
No nos está autorizado dar ningún tipo de información personal.

ENRIQUE
Ya ya, da igual, da igual. Era solo para que me entendiera, porque usted habrá estado enamorada alguna vez, ¿no?

La compañera de NURIA vuelve a su sitio y NURIA le hace un gesto de "no sabes el rollo que me está metiendo este tío".

2 **transferir** pasar – 6 **negar** decir que no – 9 **machacón** *coloq* que repite tanto alguna cosa que llega a ser pesado – 15 **un capricho** deseo de tener algo que no se necesita – 17 **poner (o echar) toda la carne en el asador** *loc* utilizar todos los medios disponibles para conseguir algo – 27 **meter un rollo** *loc coloq* hacer escuchar a una persona algo que aburre o cansa

NURIA
Comprendo, D. Enrique, pero le indico de nuevo que no…

ENRIQUE *(interrumpiéndola)*
Un momento, un momento. Mire, mi novia estaba esta tarde aquí haciendo la maleta porque…

Una mujer deja una maleta en el suelo. ENRIQUE mira triste esta escena.

ENRIQUE
…mañana se va de viaje y llamó a una amiga para que viniera a recogerla…

Las manos de ENRIQUE entregan a las manos de una chica el teléfono móvil.

ENRIQUE
…pero llamó desde mi móvil, porque el suyo ya lo ha dado de baja. Yo no tengo el teléfono de esa amiga, pero si usted me facilita su teléfono, yo podré llamarla y hablar con ella. ¿Entiende lo importante que es para mi esa llamada? ¿Lo entiende?

NURIA está cansada de la llamada.

NURIA
D. Enrique, indicarle, no obstante, que esa información no nos consta.

ENRIQUE
Pero ¿qué quiere decir "no nos consta"? ¿No puede usted entrar en el programa de facturación ese y mirar qué llamada se hizo a esa hora? Sé perfectamente la hora que era porque…

Al fondo la chica habla por teléfono. En primer plano, ENRIQUE gira la cabeza hacia un reloj. Primer plano de un reloj que marca las 19:35.

11 **entregar** dar – 14 **dar de baja** kündigen, abmelden – 21 **no obstante** sin embargo – 25 **la facturación** Berechnung

ENRIQUE
...estaba muy nervioso y miré el reloj. Eran las 7: 35, las 19:35.

NURIA
Comprendo, D. Enrique.

ENRIQUE
Pero, comprender ¿qué?

NURIA estira los brazos. La sala de teléfonos es inmensa, se asemeja a la famosa oficina de El Apartamento

ENRIQUE
¿No puede usted comprender lo que es la desesperación, lo que es la impotencia humana? ¿Dónde vamos a ir a parar si no nos echamos una mano cuando lo necesitamos? Nuria, imagínese que fuese al revés.
Imagínese que yo estuviera ahí y fuese usted la que necesita ese teléfono. No me diría: "Pero ¿esto no es atención al cliente?"¿Por qué negarme una información que voy a tener dentro de unos días cuando reciba la factura?

NURIA
D. Enrique, informarle que de verdad no se le puede facilitar esa información.

ENRIQUE
¿Y no hay un servicio de atención al cliente un poquito más personalizado?

NURIA
D. Enrique, este es el único servicio al cliente de AIRFONE.

ENRIQUE
¿Y no puede consultar usted con algún compañero? No sé, alguien, alguien que sepa cómo averiguar ese dato, llamando a otro departamento, no lo sé. Por favor, se lo estoy suplicando.

7 **estirar** extender los miembros del cuerpo (ausstrecken) – 7 **asemejarse** parecerse – 8 ***El apartamento*** película de Billy Wilder de 1960. Parte de la acción transcurre en una gran compañía de seguros – 10 **la desesperación** pérdida total de la esperanza – 11 **la impotencia** falta de fuerza o poder para hacer algo – 12 **echar un mano a up** *loc coloq* ayudar – 13 **al revés** umgekehrt – 27 **consultar** preguntar a otras personas – 28 **averiguar uc** intentar saber uc – 29 **suplicar** rogar (anflehen)

NURIA
Un momento si es tan amable.

NURIA pulsa una tecla del ordenador y una música comienza a sonar en el móvil de ENRIQUE. NURIA se quita momentáneamente los auriculares, está agotada de la conversación. ENRIQUE aprovecha para servirse un vaso de agua.

Teil 4
Kurzfilm
(04:39-06:11)

NURIA mira los menús del ordenador. El contador de tiempo marca 7 minutos y sigue bajando. Entra en la opción de registro de llamadas, ahí esta todo el listado de llamadas de ENRIQUE, incluida la llamada de las 19:35. En las opciones de consulta de registro, pincha una opción que dice "petición de información de registro por el usuario" y aparece un texto entre comillas.

NURIA se pone los auriculares y desconecta la música.

NURIA *(leyendo)*
Gracias por la espera, D. Enrique. Indicarle que…

Imagen del ordenador.
…por la seguridad del usuario, no se le puede facilitar información alguna sobre el registro de llamadas.

ENRIQUE
Pero ¿cómo que por mi seguridad? ¿Es que no ha escuchado todo lo que le he dicho?

NURIA
D. Enrique, si me quiere realizar alguna otra consulta.

ENRIQUE
¡Ahh! Vamos a ver, Nuria. Yo estoy completamente seguro de que usted no es imbécil, ¿vale?, y yo tampoco lo soy. Así que no me tomes como un imbécil. ¿Qué quiere, que estemos así toda la noche? Porque yo no pienso colgar hasta que consiga ese número.

5 **agotado** muy cansado – 8 **un registro** escrito donde se recogen regularmente informaciones de un tipo determinado – 11 **pinchar** marcar con el cursor y apretar, clicar – 12 **un usuario** persona que usa uc – 12 **las comillas** " " – 26 **imbécil** idiota, tonto – 28 **colgar** terminar una conversación telefónica poniendo el auricular en su sitio

El contador de tiempo marca 6 minutos 30 segundos y sigue bajando.

NURIA
D. Enrique, indicarle que existe un tiempo máximo en la duración de las llamadas a este servicio.

ENRIQUE
¿Y qué pasa cuando se acaba, me electrocuta el móvil?

NURIA
Al superar el tiempo máximo la llamada se interrumpe.

ENRIQUE
Pues vuelvo a llamar.

NURIA
Correcto, puede usted volver a llamar.

ENRIQUE *(dándose cuenta de la trampa)*
Ah, claro, entonces ya no hablaría con usted.

NURIA *(irónica)*
Somos muchas compañeras. Saldría usted ganando.

ENRIQUE
¡Vaya, pero si tiene usted sentido del humor y todo! Entonces es que es una persona, y no un ordenador.
Mira, *(haciendo un esfuerzo por abrirse a ella)* Marta, mi novia, se va fuera a trabajar. Le ha salido un trabajo estupendo en Nueva York. Lo que siempre ha querido, su sueño, y ella me pidió que me fuera con ella, pero yo no lo veo claro. Bueno, no lo veía claro.

7 **electrocutar** matar por medio de una descarga eléctrica – 9 **superar** ser o tener más de – 9 **interrumpir** unterbrechen – 14 **una trampa** engaño – 21 **abrirse a up** comunicar los sentimientos o pensamientos interiores

4. SALÓN ENRIQUE. INT. DÍA

En primer plano, ENRIQUE con expresión triste. En el fondo de la imagen, unas manos de mujer hacen una maleta.

ENRIQUE
Y esta tarde, cuando estaba vaciando los cajones, cogiendo sus cosas, ha cerrado la maleta, de repente he sentido como que me vaciaran por dentro.

En primer plano, ENRIQUE. En el fondo, desenfocada, la puerta de la casa se cierra.

ENRIQUE
Luego se ha marchado, ha cerrado la puerta, y me he quedado ahí, yo qué sé el tiempo, mirando la puerta.

Teil 5
Kurzfilm
(06:11-11:02)

5. SALÓN ENRIQUE. INT. NOCHE

ENRIQUE
Nunca había sentido un silencio igual. Desde que se ha marchado, no sé, es como que nada tiene sentido. No puedo vivir sin ella. Sé que suena a tópico de mierda, pero es verdad. Necesito ese teléfono. Es muy urgente. Es un asunto de vida o muerte. Mañana coge ese avión. ¿Me entiendes? ¿Entiendes, joder? *(desesperándose progresivamente)* ¡Necesito esa mierda de teléfono, ya, ahora mismo, ya!

Silencio.

ENRIQUE
¿Estás ahí?

NURIA
D. Enrique, indicarle que de verdad no le puedo facilitar esa información.

ENRIQUE siente que comienza a derrumbarse.

5 **vaciar** hacer que uc esté vacía – 8 **desenfocado** imagen que no se ve bien – 17 **de mierda** *vulg* que tiene poco valor o poca calidad – 20 **joder** *vulg* verdammt! – 20 **desesperarse** perder la esperanza – 28 **derrumbarse** perder el ánimo o la fuerza moral

ENRIQUE
Pero, ¿qué estamos haciendo? ¿Qué estamos creando con esta forma de relacionarnos? ¿Qué coño importan las normas, Nuria?

ENRIQUE hace un esfuerzo por crear una historia.

ENRIQUE
Imagínate que estás en un semáforo. Está en rojo para los peatones y hay una niña a tu lado y va a cruzar, y cruza y se cae, se tropieza, no se puede levantar y viene un camión y la va a atropellar, ¿no te tirarías a salvarla? Dime, ¿la salvarías, sí o no? Sin riesgo para ti. ¿La salvarías?

NURIA
Ya, pero...

ENRIQUE
¿La salvarías, sí o no? ¿Sí o no?

NURIA se ve obligada a decir la verdad.

NURIA *(tenue)*
Sí.

ENRIQUE
Sí, sí, sí, sí, has dicho "sí", el primer "sí" de la noche. Has dicho "sí", sí la salvarías *(excitándose)*. Pero para salvarla te tendrías que saltar un semáforo en rojo, te tendrías que saltar una norma. Saltarse una norma para salvar una vida. Esto es lo mismo, ¿me entiendes? Por Dios, dame ese telefóno.

Nuria, yo sé que tú no eres un ordenador, demuéstramelo, dame ese número.

NURIA *(respirando)*
No puedo dar esa información. Lo lamento.

3 **coño** *Esp vulg* se utiliza para enfatizar (betonen) preguntas o interrogaciones y expresa enfado por parte del hablante – 8 **un peatón** persona que camina por la calle – 9 **tropezar(se)** stolpern – 10 **atropellar** pasar un vehículo (Fahrzeug) por encima de uc o up – 17 **tenue** poco intenso – 24 **por Dios** expresión con la que se acompaña una petición – 25 **demostrar** mostrar o decir uc a up hasta convencerla

ENRIQUE *(al límite)*
No, tú antes has dicho "sí", no has dicho "correcto", "afirmativo", "no obstante", has dicho "sí". *(Acelerado)* Seguro que os prohíben decir "sí" en esos cursos de mierda que os hacen. Os habrán prohibido decir "sí", "buenos días", cualquier cosa que os haga parecer personas con sentimientos. Pero tú has dicho sí, porque tú eres una persona y me has escuchado. Y hay una parte de ti que me entiende y sabe lo importante que es para mí ese número y el tiempo que llevamos hablando... *(mira la pantalla del teléfono)*... que son ya casi diez minutos. Espero que no sean diez minutos el tiempo máximo ese.

Nuria mira el contador.

NURIA
Me temo que sí.

ENRIQUE se derrumba.

NURIA
Mire, de verdad lamento su situación, pero yo no puedo hacer nada. Si usted desea hacerme otra consulta, yo le contestaré con mucho agrado.

ENRIQUE está a punto de llorar. Está derrotado, no tiene armas, ha gastado el último cartucho, no sabe qué hacer ni qué decir, la batalla está perdida.

ENRIQUE
No sabes lo que siento ahora mismo. Lo que siento aquí dentro en el estómago. Todo el estómago vacío, como una bola, como una gran esfera dentro, hueca y dolorosa.

NURIA tampoco sabe qué decir.

ENRIQUE
Sólo recuerdo haberme sentido así una vez. Te vas a reír. Yo era un niño y tenía una perrita, una perrita muy fea, la verdad. Era un chucho, pero la adoraba. Se llamaba Mina.

3 **acelerado** nervioso, excitado – 14 **temer(se)** creer que va a pasar algo malo – 19 **el agrado** gusto – 20 **un arma** *f, fig* artefacto que sirve para matar – 21 **el último cartucho** el último medio para salir de una situación difícil – 22 **una batalla** Schlacht – 26 **una esfera** cuerpo con forma redonda y con volumen, (p. ej el planeta tierra) – 26 **hueco** sin nada adentro – 31 **un chucho** perro que no es de raza – 31 **adorar** querer mucho

NURIA mira la paredes que la separan de las otros operadores y ve muchas fotos de ella con un perro.

ENRIQUE
La adorábamos todos: mi padre, mi madre, yo.

Y la muy cabrona una Nochebuena se perdió. Bajó con mi padre a hacer la compra y desapareció. Estuvimos todo el día desesperados buscándola, de un lado para otro y nada, no aparecía, no aparecía, no aparecía. Y nada, nos pusimos a cenar e imagínate qué ambientazo, ¿no?, de repente ponen el anuncio ese del turrón, el de "vuelve a casa vuelve" *(cantando)* "Vuelve, a casa vuelve, por Navidad, que hoy es Nochebuena y mañana Navidad". Bueno, se nos empezaron a caer unos lagrimones a todos...

NURIA comienza a llorar en silencio. Una gran lágrima le resbala por la mejilla.

ENRIQUE
La misma sensación en el estómago, el mismo vacío que ahora. No sé por qué no prohíben ese anuncio de mierda. ¿A cuánta gente le habrá roto el alma? ¿Quién no espera en Navidad a alguien que no va a volver nunca? Claro que lo que habría que hacer es prohibir la Navidad de una puta vez.

NURIA sonríe en silencio, entre lágrimas.

ENRIQUE
Nuria, no dices nada.

Silencio.

ENRIQUE
¿Te ayudo?

(Imitándola) "D. Enrique, indicarle que habría que prohibir la puta Navidad".

5 **cabrón** *vulg* que actúa con mala intención – 9 **el ambientazo** *coloq, aquí:* ambiente muy malo – 10 **un turrón** dulce de forma rectangular que se consume en Navidad en España y algunos países de Latinoamérica – 13 **un lagrimón** *coloq* lágrima (Träne) grande – 15 **resbalar** caer lentamente – 15 **una mejilla** una de los partes más carnosas de la cara, debajo de los ojos – 19 **el alma** *f aquí:* el corazón – 21 **puto** *vulg* maldito – 22 **sonreír** lächeln

NURIA sigue sonriendo entre lágrimas.

ENRIQUE
Por una vez tu silencio te hace persona.

NURIA
¿Volvió?

Teil 6 Kurzfilm (11:02-Ende)

ENRIQUE
¿Quién, mi perrita? Sí sí sí. La encontramos al día siguiente. Perdona, que te he deja(d)o con la angustia. *(Pausa)* ¿Tienes perro?

NURIA se seca una lágrima.

Es gracioso, ¿no? El silencio hace que por fin hables. ¿Qué perro? No, no me lo digas, no puedes dar información personal. ¿Un pastor alemán?

NURIA
No.

ENRIQUE
¿Un caniche?

NURIA (OFF)
No.

ENRIQUE
¿Un cócker?

NURIA no contesta nada, lo que ENRIQUE entiende como una afirmación.

ENRIQUE
¡Un cócker! ¡Tienes un cócker! Son muy simpáticos, ¿no? Bueno, si tienes un cócker, definitivamente eres una buena persona. Ha costado saberlo pero al final se sabe que eres una buena persona.

8 **la angustia** pena, tristeza – 10 **secar** hacer que uc o up quede *seco/-a* (trocken) – 11 **gracioso** que hace reír, curioso – 13 **un pastor alemán** perro grande de pelo oscuro que se utiliza como perro guía y guardián – 17 **un caniche** perro pequeño que tiene el pelo lanoso (wollig) y rizado

NURIA asiente en silencio.

ENRIQUE *(dándose cuenta de la oportunidad de oro)*
Nuria, *(muy serio)* tú sabes el teléfono, ¿verdad? La llamada de las 19:35, la tienes ahí delante, ¿verdad, en la pantalla?

NURIA se pone nerviosa. Efectivamente, delante de ella, en el ordenador, puede ver la hora de la llamada y el número al que se ha realizado.

NURIA *(tocada)*
No se puede, de verdad.

ENRIQUE
Ya, pero la sabes.

ENRIQUE *(muy excitado)*
Nuria, el primer número, ¿es un nueve?

NURIA está entre la espada y la pared, su corazón late a mil por hora. Mira a su alrededor, a sus compañeros. Todo el mundo parece estar a lo suyo. Mira el primer número del teléfono que tanto ansía ENRIQUE.

NURIA *(Decide lanzarse)*
No.

ENRIQUE no se lo puede creer, NURIA está colaborando por fin. La felicidad y la excitación le desbordan.

ENRIQUE
¿Un seis?

NURIA mira fijamente el seis. Sabe que su silencio transgrede en cierto modo las normas que le han enseñado. Silencio.

1 **asentir** decir que sí – 2 **de oro** muy bueno, de mucho valor – 8 **tocar** *aquí:* emocionar – 14 **estar entre la espada y la pared** *loc* estar en una situación muy difícil en la que se tiene que elegir entre dos opciones desagradables – 17 **ansiar uc** desear tener uc muy fuertemente – 18 **lanzarse** *aquí:* arriesgarse (→ riesgo) – 21 **desbordar** *(de un sentimiento)* sobrepasar los límites de up por ser muy intenso – 24 **tra(n)sgredir** no cumplir una norma o una ley

ENRIQUE
Es un seis, claro, es un móvil, ¿verdad? El segundo número, ¿es un cero?

ENRIQUE apunta el número en un cuaderno.

NURIA
No.

ENRIQUE
¿Un uno?

NURIA
No.

ENRIQUE
¿Un dos?

NURIA
No.

ENRIQUE
¿Tres?

El segundo número es un tres. NURIA calla. ENRIQUE apunta el número en el cuaderno.

ENRIQUE
Tres, es un tres, perfecto. El siguiente número, ¿es un cero?

NURIA
No.

ENRIQUE
¿Un uno?

NURIA
No.

4 **apuntar** escribir uc en un lugar – 17 **callar** no decir nada

ENRIQUE
¿Un dos?

NURIA
No.

ENRIQUE
¿Un tres?

NURIA
No.

ENRIQUE
¿Cuatro?

El marcador marca 1 minuto y 15 segundos.

NURIA
No.

ENRIQUE
¿Cinco?

NURIA
No.

ENRIQUE
¿Seis?

NURIA calla.

ENRIQUE
Seis. *(respira profundamente)* Un seis.

ENRIQUE apunta el número en el cuaderno.

ENRIQUE
El siguiente número, ¿es un cero?

NURIA *sonríe.*

ENRIQUE *(entusiasmado)*
¿Es un cero?

ENRIQUE apunta el número en el cuaderno.

ENRIQUE
Venga, Nuria, el siguiente número, ¿es un cero?

NURIA
No.

ENRIQUE
¿Uno?

NURIA
No.

ENRIQUE
¿Dos? *(pequeña pausa)* ¿Es un dos?

NURIA
No, no, no, no, no.

ENRIQUE
Perdona. ¿Tres?

NURIA
No.

ENRIQUE
¿Cuatro?

NURIA
No.

ENRIQUE
¿Cinco?

1 **entusiasmado** muy contento y excitado

NURIA
No.

ENRIQUE
¿Seis?

NURIA está nerviosa. El tiempo se agota.

ENRIQUE *(también nervioso)*
Es un seis.

ENRIQUE apunta el número en el cuaderno y mira la pantalla de su teléfono móvil.

ENRIQUE
¡Mierda, qué poco tiempo queda, Nuria!

NURIA mira la pantalla del ordenador. Quedan cuarenta y tres segundos.

ENRIQUE
A ver, el siguiente número, ¿es un… es un uno?

NURIA
No.

ENRIQUE
¿Dos?

NURIA
No.

ENRIQUE
¿Tres?

NURIA mira la pantalla, el número es un cero.

NURIA
No.

5 **agotarse** terminarse, acabarse – 11 **¡mierda!** *vulg* expresión que indica enfado (Scheiße!)

ENRIQUE
¿Cuatro?

NURIA
No

ENRIQUE
¿Cinco?

NURIA
No.

ENRIQUE
¿Seis?

NURIA
No.

ENRIQUE *(desesperándose)*
¿Siete?

NURIA
No.

ENRIQUE
¿Ocho?

NURIA
No.

ENRIQUE
¿Nueve?

NURIA *(desesperada)*
¡No!

ENRIQUE
¿Cómo que no? ¡Los he dicho todos!

NURIA
¡No!

ENRIQUE
¡Cero!

NURIA asiente con la cabeza.

ENRIQUE *(apuntando)*
Cero, ¿no? Se me había olvidado el cero. El siguiente número, ¿es un cero?

NURIA
No.

ENRIQUE
¿Uno?

NURIA asiente en silencio.

ENRIQUE
Es un uno. Solo quedan dos, ¿verdad?

NURIA mira la pantalla, el contador marca 23 segundos.

ENRIQUE *(cada vez más excitado)*
El siguiente número, ¿es un cero?

NURIA
No.

ENRIQUE
¿Uno?

NURIA
No

ENRIQUE
¿Dos?

NURIA
No.

ENRIQUE
¿Tres?

NURIA
No.

ENRIQUE
¿Cuatro?

NURIA
No.

ENRIQUE
¿Cinco?

NURIA
No.

ENRIQUE
¿Seis?

NURIA
No.

ENRIQUE
¿Siete?

El número es el siete. NURIA calla.

ENRIQUE
Siete, es un siete.

NURIA sigue en silencio, asintiendo con la cabeza, aunque ENRIQUE no pueda verla.

ENRIQUE *(dándose cuenta del silencio, apunta. La mano está temblorosa, está muy nervioso).*
Venga, que solo queda uno Nuria.

El marcador indica que quedan tres segundos de tiempo. El número correcto es un 1, ENRIQUE tiene el tiempo justo.

23 **tembloroso** que se mueve rápida e involuntariamente

ENRIQUE
El siguiente número, ¿es un nueve?

NURIA *(desesperada)*
¡No!

ENRIQUE
¿Ocho?

El tiempo se agota. El marcador marca 00:00.

MENSAJE GRABADO (OFF)
“Sentimos comunicarle, que el tiempo máximo de llamada a nuestro servicio ha sido superado. Gracias por llamar a AIRFONE”.

La comunicación se corta.

ENRIQUE no se lo puede creer. Se derrumba.

ENRIQUE
¡Mierda! ¡Mierda! Un puto número.

ENRIQUE arranca la hoja donde estaba apuntando el número, la arruga y la tira. Está desesperado y llora. Lo ha perdido todo después de tenerlo en la mano. De repente se da cuenta de algo. Emocionado, coge de nuevo el papel con el teléfono que había tirado…

ENRIQUE
¡Qué gilipollas!

…y marca el número que había apuntado más un cero al final.

VOZ de mujer
¿Dígame?

ENRIQUE
Hola, buenas noches, ¿está Marta, por favor?

16 **arrancar** separar con violencia algo del resto, por ej una hoja de un cuaderno – 17 **arrugar** zerknittern – 22 **un gilipollas** *Esp vulg* tonto, estúpido

VOZ de mujer
Se ha confundido, eh.

ENRIQUE
Perdone, eh, lo siento.

VOZ de mujer
Nada.

ENRIQUE cuelga y vuelve a marcar el número que había apuntado, más un uno al final.

NURIA observa ilusionada desde su terminal en el registro de llamadas que ENRIQUE ha llamado al número correcto.

VOZ de mujer
¿Sí?

ENRIQUE
Buenas noches, ¿está Marta por favor?

VOZ de mujer
Sí, sí, ahora te la paso.

El rostro de ENRIQUE se ilumina, llora de la emoción.

Créditos finales

2 **confundirse** *aquí:* no ha marcado el número correcto – 17 **iluminar** llenar de luz

© *Alberto Ruiz Rojo*

Sobre el director de *Diez minutos*

ALBERTO RUIZ ROJO
Director. Realizador. Guionista

CINE

- FINAL (1993) 5´ CINE 35 mm.
- SINCERIDAD(1998) 7´CINE 35 mm. (Lola Marceli, Antonio Castro)
- ATRAPADA EN UN BLUES (2001) 19´ CINE 35 mm. (Tete Delgado, Antonio Castro Manolo Zarzo, etc.)
- DIEZ MINUTOS (2004) 16´ CINE 35mm SCOPE. (Gustavo Salmerón, Eva Marciel)
- FLASH (2014) (Guion y Dirección) CINE 35mm/ DCP Dolby 5.1. (Roberto Álamo, Guadalupe Lancho) 7´

TELEVISIÓN (SERIES DE FICCIÓN)

- PERDÓNAME SEÑOR, Miniserie 75´ Paz Vega, Jesús Castro. Gossip, Mediaset (2016)
- EL INCIDENTE, Primetime 70´ Marta Etura, Barbara Lennnie, Ida y vuelta/Antena 3 (2014)
- ALATRISTE, Primetime, 70´ Aitor Luna DLO producciones/ Telecinco, (2014)
- EL GORDO Una historia verdadera. Tv Movie. 2 x 75´ Zebra Producciones para Antena 3 (2010)
- QUART (Arturo Pérez Reverte) Primetime 70´. Súper 16 (2006-2007)
- HERMANOS Y DETECTIVES PrimeTime 70´. Cuatro Cabezas para Telecinco. 2007
- CON DOS TACONES Serie comedia Primetime 70´ BOCABOCA/TVE (2006)
- EL SÚPER Serie Diaria. ZEPPELIN TV/TELECINCO (1996-1999)

VIDEOCLIP

- CAMINANDO POR LA VIDA Melendi (2005)
- DE PATA NEGRA Melody SONY MUSIC (2001)
- VEN Queyi. Warner Music (2009)

PUBLICIDAD

- COMPLET de ARIAS. CONTRAPUNTO. Cine 35 mm
- MI CARTERA (3 Spots) btd
- NUEVA IMAGEN CORPORATIVA de TELECINCO temP 95-96.
- MELODY. 1999. Cine 35 mm.
- GERMINAL. A PUNTO. 1999. Cine 35 mm.
- GERMINAL FLASHAIR. A PUNTO. 2000. Cine 35 mm.
- QUIERO TV CQC. PUBLICIS. 2000. Cine 35 mm.
- MEDICINA TV. COM. 2002. Cine 35 mm.
- UNIVERSAL GENEVE SATÉLITE COM. 2002. Cine 35 mm.
- RONCATO PUBLIESPAÑA. 2003. Cine 35 mm.
- CHOCOLATES VALOR. ARTEFACTO. 2003 Cine 35 mm.
- PASTAS ARDILLA (4 spots) MEDIAPLANING. 2004
- BBVA O.T. 4 ejecuciones 10 Cine 35 mm 2006
- Miniserie MOVISTAR Apartamento M 3 HD 2007
- DENSIA (DANONE) VINICIUS J&R. 2013

PREMIOS

- GOYA – Mejor Cortometraje de ficción. – 2005 Academia Artes y Ciencias Cinematográficas de España
- Premio Mejor SPOT de F.G. 1ª edición NOTODOPUBLIFEST. Madrid 2004
- Preselección Oficial a los OSCAR de la ACADEMIA de Hollywood. 2006
- 119 Premios Nacionales y 15 Internacionales con el cortometraje DIEZ MINUTOS entre los que destacan el Primer Premio en el Festival de Cine MEDINA DEL CAMPO, Festival de MALAGA, CREATRIVAS, ELCHE, SANTIAGO DE COMPOSTELA, GUADALAJARA, VITORIA, CINEMAE en ROMA, ISMAILIA en EGIPTO, etc. (2004)
- Premio Especial del Jurado. Festival de Cine de ASIANA. KOREA (2006)
- Premio Nacional IBERIA de Cortometrajes 2004

Ficha técnica de *Diez minutos*

Reparto

Gustavo Salmerón (Enrique)
Nuria (Eva Marciel)

Ficha técnica

Dirección y guion: Alberto Ruiz Rojo
Dirección de Arte: Marina Anaya
Cámara: Ferrán Parera
Dirección de producción: Raquel Roig
Fotografía: Jesús Haro
Música: Rafael Arnau, Mario Gosálvez
Edición: Alberto Ruiz Rojo
Sonido directo: Javier Ruiz

Idioma original: español
16 minutos, color
© 2003 Artficción Producciones

Premios

MEDINA DEL CAMPO
Festival de MÁLAGA
CREATRIVAS
ELCHE
SANTIAGO DE COMPOSTELA
GUADALAJARA
VITORIA
CINEMAE (Roma)
ISMAILIA en EGIPTO
Premio Especial del Jurado. Festival de Cine de Asiana (Corea)

y varios premios más

Actividades

1. Comprueba si has entendido bien la historia. Responde a las siguientes preguntas:

a. ¿Por qué el cortometraje se llama *Diez minutos*?

____

____

b. ¿Por qué Enrique no puede ver en su teléfono el número que necesita?

____

____

c. ¿Recuerdas las dos excusas que pone Nuria a Enrique para no darle el número? Explícalas.

____

____

d. ¿De quién es el número de teléfono? ¿Por qué es tan importante para Enrique?

____

____

e. ¿Cómo utiliza Enrique la historia de la niña y el semáforo en rojo para intentar convencer a Nuria?

____

____

f. ¿Qué le pasó a Enrique un día de Navidad? ¿Por qué esta historia hace llorar a Nuria?

____

____

g. ¿Cuál es la técnica que utilizan Enrique y Nuria para comunicarse al final del cortometraje?

____

____

2. Uno de los mecanismos para crear palabras en español es la prefijación. Los prefijos son partículas que se colocan delante de la raíz de las palabras (p. ej re-leer, que significa volver a leer) y cambian el significado de las palabras

En la tabla de la izquierda hay algunos prefijos frecuentes en español y ejemplos, en la tabla de la derecha están los significados de los prefijos.

Relaciona las tablas.

prefijos	**ejemplos**	**significados**
in-, im-, i-	inquieto, imposible, ilegal	oposición
des-	desesperado, desenfocado	después de
anti-	anticonstitucional, antitabaco	debajo de
multi-	multicolor, multilingüe	medio o casi
pos-	posguerra, posdata	negación o lo contrario de
re-	releer, recalentar	mucho
semi-	simicírculo, semiseco	volver a
sub-	subcampeón, submarino	negación o lo contrario de

3. Completa las frases formando palabras con los prefijos del ejercicio 2 y las palabras de la tabla siguiente

democrático	hacer	creíble	semifinal
millonario	posgrado	elegido	director

a. Le ha tocado el primer premio de la lotería. Ahora es *multimillonario* .

b. Ha tenido que deshacer la maleta para encontrar la ropa que había puesto dentro por error.

c. Me parece increíble que en el siglo XXI todavía haya tantas diferencias entre ricos y pobres.

d. Los observadores internacionales tienen pruebas de que las elecciones al Parlamento fueron antidemocráticas.

e. Zapatero ha sido reelegido presidente de España en 2008 y, por lo tanto, va a gobernar cuatro años más.

f. No pude hablar con el director de la escuela pero hablé con el subdirector.

g. Cuando termine la Diplomatura en Filología Hispánica, quiere hacer un posgrado en Nuevas Tecnologías Aplicadas a la Educación.

h. Nuestro equipo superó la semifinal de la copa pero fue derrotado en la final.

4. Tanto Nuria como Enrique pasan por varios estados de ánimo durante su conversación telefónica. Completa este crucigrama sobre el tema "estados de ánimo"

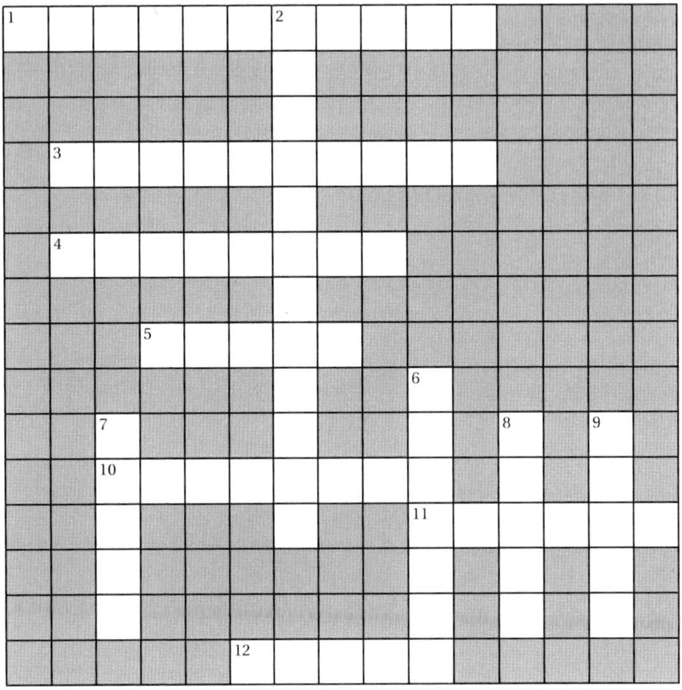

Verticales

2. Muy contento y excitado
6. Muy cansado
7. Lo contrario de infeliz
8. Exclamación con la que se da fuerza moral a una persona
9. Que se siente muy mal

Horizontales

1. Que ha perdido la esperanza
2. Que tiene una sensación de intranquilidad o de temor
4. Que actúa de forma violenta
5. Nervioso, inquieto
10. Que está de mal humor
11. Lo contrario de alegre
12. Que está cansado, que siente enfado por la persistencia o repetición de algo

Breve vocabulario sobre cine

El presente vocabulario no pretende ser exhaustivo. Para un repertorio más completo sobre el vocabulario cinematográfico, remitimos a la guía didáctica *Diez minutos* (colección *Cinemateca*), ISBN 978-3-12-535547-7, así como a los capítulos *Theater, Kino, Film* (10.3) del *Thematischer Grund- und Aufbauwortschatz Spanisch*, ISBN 978-3-12-519517-2 y *Film & Theater* (Kap. 18.9 u. 18.10) del *Thematischer Schulwortschatz Spanisch*, ISBN 978-3-12-519572-1.

El lugar

el cine	edificio donde se proyectan películas
el minicine	cine muy pequeño
la sala	gran pieza donde se proyectan y se ven las películas
la pantalla	gran tela sobre la cual se proyectan las imágenes
la butaca	asiento con brazos
el acomodador/ la acomodadora	persona que indica los asientos a los espectadores
el vestíbulo	espacio entre la entrada del cine y la sala
la taquilla	ventanilla donde se venden las entradas
el taquillero/ la taquillera	persona que vende las entradas
la fila	línea de butacas

El espectáculo

el cortometraje	película muy corta
la película	película
la comedia…	que quiere hacer reír a los espectadores
~ de aventuras…	que trata de sucesos extraordinarios
el “thriller”…	llena de acción, suspense y misterio
~ policiaca…	que trata de la investigación de un crimen
el documental…	de carácter informativo
el cartel de la película	póster/anuncio de la película
el tráiler	versión muy corta de una película que presenta escenas elegidas

el guion	texto que contiene todos los diálogos de una película y también las instrucciones del director

Personas, acciones y acontecimientos

el director/la directora	persona que es responsable de la realización de una película y que da instrucciones a los actores, cámaras, etc.
el productor/ la productora	persona que organiza la producción de una película y se ocupa de su financiación
el actor/la actriz	persona que interpreta un papel
~ principal	actor/actriz que representa el/la protagonista de la película
~ secundario, -a	actor/actriz que tiene un papel menos importante
los extras/la figuración	grupo de personas que sólo se ven y que no hablan en la película
los efectos especiales	efectos cinematográficos realizados por medios tecnológicos modernos (por ejemplo, simulaciones por ordenador)
la crítica	opinión sobre una película publicada en un periódico, una revista, Internet
el Festival de Cine	celebración de un concurso cinematográfico
el estreno	primera proyección de una película
obtener un premio/ galardón	recibir una recompensa (en un concurso) por una obra de arte extraordinaria

Informarse

¿Qué ponen/dan en el cine?	¿Qué películas hay en el cine?
la cartelera	lista actual de las películas que aparece publicada en un periódico, por ejemplo
la sinopsis	resumen de la película

la sesión/el pase/ la función	función, hora a la que proyectan una película
~ matinal (12:00 h)	
~ de las 16:00	
~ de las 19:00	
~ de noche (20:00 h)	
~ de madrugada (24:00/1:00)	
la entrada	el ticket que se compra para poder entrar
el día del espectador	un día a la semana en el que la entrada cuesta menos

Soluciones

ANTES DE LEER EL GUION (página 7)

Vuelve a leer los comentarios y contesta a las siguientes preguntas

a. Los protagonistas son un cliente y una operadora del servicio de atención al cliente. El protagonista necesita un número de teléfono y la operadora no quiere dárselo.
b. Todas las valoraciones son positivas. Solo Carlos piensa que la historia es un poco dramática en algunas ocasiones. Valoran positivamente a los actores, la crítica a la comunicación entre clientes y empresas, la fácil identificación con el protagonista y el atrevimiento del director al rodar un cortometraje de una escena.
c. Criticar la creciente deshumanización de las relaciones humanas en la sociedad de la información y la comunicación.

Actividades (página 38)

1. Comprueba si has entendido bien la historia. Responde a las siguientes preguntas

a. "Diez minutos" es la duración máxima de la llamada telefónica al servicio de atención al cliente AIRFONE y es la duración de la conversación entre Enrique y Nuria.
b. Porque ya ha hecho más de diez llamadas.
c. Primero le dice que ella no sabe el número y más tarde que no puede dárselo por su seguridad.
d. El número de teléfono es de una amiga de su novia. Lo necesita para poder hablar con su novia antes de que se vaya de viaje. Enrique no puede contactar directamente con su novia porque ella ha dado su número de baja antes de marcharse a Estados Unidos.
e. Enrique compara su situación con la de la niña. Para salvar a la niña hay que saltarse una norma, no cruzar cuando el semáforo está en rojo, y para salvarle a él también habría que saltarse una norma, no dar información sobre llamadas telefónicas.
f. El día de Navidad su perra se escapó de casa y toda la familia estuvo buscándola sin éxito durante todo el

día. Nuria tiene un perro y por eso se puede identificar fácilmente con los sentimientos de Enrique y la familia.

g. Enrique dice los números. Cuando los números no son correctos, Nuria dice: "no". Cuando los números son correctos, Nuria no dice nada.

2. Relaciona las tablas

prefijos		**significados**
in-, im-, i-	=	negación o lo contrario de
des-	=	negación o lo contrario de
anti-	=	oposición
multi-	=	mucho
pos-	=	después de
re-	=	volver a
semi-	=	medio o casi
sub-	=	debajo de

3. Completa las frases formando palabras con los prefijos anteriores y las palabras de la tabla siguiente

a. multimillonario; b. deshacer; c. increíble;
d. antidemocráticas; e. reelegido; f. subdirector;
g. posgrado; h. semifinal

4. Completa el crucigrama

Verticales	**Horizontales**
2. entusiasmado	1. desesperado
6. agotado	3. preocupado
7. feliz	4. agresivo
8. ánimo	5. tenso
9. fatal	10. enfadado
	11. triste
	12. harto

Abreviaturas y símbolos

aquí:	=	señala un significado específico de la palabra en el contexto
coloq	=	coloquial
D.	=	Don
EXT	=	exterior (la escena tiene lugar al aire libre)
f	=	femenino
fam	=	lenguaje familiar
fig	=	lenguaje figurativo
INT	=	interior (la escena tiene lugar en una casa/un edificio)
jerg	=	jerga (Jargon)
loc	=	locución, giro idiomático (Redewendung)
m	=	masculino
por ej	=	por ejemplo
pl	=	plural
subj	=	subjuntivo
uc	=	una cosa, algo
up	=	una persona, alguien
vulg	=	expresión vulgar
≠	=	contrario de
→	=	remite a una palabra ya conocida